Rainald Bierstedt

GOLF - OLYMPISCHES VON A BIS Z
Schlag öfter mal nach, um am Ball zu bleiben!

Ein Beitrag

zur Verbreitung

der Olympischen Idee

im Kinder- und Jugendgolfsport

Rainald Bierstedt

GOLF - OLYMPISCHES

VON A BIS Z

Schlag öfter mal nach, um am Ball zu bleiben!

Bibliografische Information der Deutschen Nationalbibliothek:
Die Deutsche Nationalbibliothek verzeichnet diese Publikation in der
Deutschen Nationalbibliografie; detaillierte bibliografische Daten sind
im Internet über http://dnb.d-nb.de abrufbar.

2. Version: 01/2017

© Rainald Bierstedt 2017

Herstellung und Verlag:
BoD – Books on Demand, Norderstedt

ISBN 978-3-7347-5551-4

Die Beiträge des Autors zur Verbreitung des Olympischen Gedankens im Golfsport stützen sich im Wesentlichen auf Erfahrungen und Erkenntnisse aus seinen zurückliegenden Tätigkeiten seit 1995 als ...

- Lehrer für das Wahlpflichtfach 1 und 2 Golfsport an der Grund- und Gesamtschule Spreenhagen (bei Berlin) sowie an der 1. Oberschule Fürstenwalde (jetzt Spree-Oberschule),
- Leiter einer Schulsport-AG Golfsport im Rahmen der Jugendinitiative „Abschlag Schule" des DGV u. der VcG,
- Projektleiter des DGV-Schülerprojekts Golf-WM 2000,
- Mitorganisator bei der deutschlandweiten Einführung bzw. Etablierung von Golf in JUGEND TRAINIERT FÜR OLYMPIA,
- Beauftragter für Schulgolf des Landes Brandenburg im Auftrag des Ministeriums für Bildung, Jugend und Sport,
- Verantwortlicher für die Durchführung der Brandenburger Landesfinals Golf JUGEND TRAINIERT FÜR OLYMPIA,
- Durchführender diverser Projekte GOLF& OLYMPIA,
- Jugendwart eines Golf Clubs,
- Schulsportbeauftragter eines Golf Clubs,
- Teilnehmer an einem Trainer-C-Lehrgang Breitensport / Schulgolfsport,
- Lehrbeauftragter an der Universität Potsdam, Institut für Sportwissenschaften, für das Themenfeld „Pädagogische Aspekte des Golfsports",
- Verantwortlicher für 17 Lehrer-Fortbildungsveranstaltungen „Schulgolfsport" im Land Brandenburg,
- Gestalter und Betreuer der Info-Points „Golf & Schule" sowie „Golf–Olympia–Jugend" im Resort A-Rosa Scharmützelsee, in Kooperation mit der Deutschen Olympischen Gesellschaft,
- Referent zu Fragen des Schulgolfsports, u.a. an der Deutschen Sporthochschule Köln
  sowie
- als Autor von 25 Publikationen über Golfsport.

„Der Olympismus

ist eine Lebensphilosophie,

die in ausgewogener Ganzheit

die Eigenschaften von

Körper, Wille und Geist

miteinander vereint und überhöht."

Aus der Charta 2016 des IOC

INHALT

Einleitung

Liebe Golffreunde,

Golf bei Olympia – das gab es bereits 1900 und 1904. Dann war lange Zeit Ruhe – 112 Jahre Olympia ohne Golf.

Und nun war Golf wieder im Olympischen Programm: 2016 in Rio. Zur Freude der Golfsportler.
Jetzt ist der Blick auf die kommenden Olympiaden gerichtet.

Anlass genug, sich weiterhin und tiefgründiger mit olympischen Themen zu beschäftigen. Vielleicht auch nur, um einfach mitreden zu können.

Dieses Büchlein könnte dabei eine Hilfestellung sein. Hier geht es um Golf-Olympisches Wissen in kompakter Form, zum Nachschlagen.

Ausgangsüberlegung ist der Olympische Grundsatz:

__Der Olympische Sport besteht in seiner__
__Einheit von Körper und Geist.__
__Denn, Muskeltraining allein reicht nicht!__

Ihr kennt sicherlich auch viele Topsportler, Olympiasieger, die nach ihrem Erfolg sinngemäß sagten:
Der Sieg wird im Kopf entschieden!

Eine andere Erkenntnis:
Wer mehr weiß, hat mehr Chancen!

Aber genug der Sprüche.

Dieses Büchlein enthält nur 2 Kapitel.

Eingangs, ein Golf-Olympisches Alphabet. Pro Buchstabe wird je ein Begriff aus den Bereichen Olympische Bewegung generell sowie *Golf & Olympia* erläutert.

Alles knapp gefasst. Es soll euch helfen, gezielt und auf kurzem Wege, spezielles Wissen zu erweitern oder wieder in Erinnerung zu rufen.

Wer mehr wissen will, der kann in meinem Handbuch „ASCHLAG OLYMPIA: JUGEND & GOLF" nachlesen bzw. für den sind die umfangreichen Lesetipps gedacht, die das Kapitel 2 ausmachen.

Man kann nicht alles wissen. Man sollte aber wissen, wo was steht. Nun ist aber endlich Schluss mit den Sprüchen!

In diesem Sinne, viel Spaß beim Lesen!

Der Autor

I. Golf-Olympisches Alphabet

A wie ... **Antikes Athen** *und ...*

In der **Antike** gehörte es zu den Grundsätzen jener Zeit, Körper und Geist zu Ehren der Götter zu formen. In diesem Sinne wurden in Olympia, einem keinen Ort im Nordwesten der Halbinsel Peloponnes in Griechenland, Olympische Spiele als religiöses Nationalfest durchgeführt, um die Götter zu ehren.

Die 1. Spiele der Antike werden auf das Jahr 776 v. Chr. datiert. An den Wettkämpfen, die alle vier Jahre ausgetragen wurden, nahmen in der Regel nur wohlhabende griechische Männer teil. Zu den beliebtesten Disziplinen zählten Wettläufe, Diskuswerfen, Weitsprung, Ringkampf, Faustkampf und Wagenrennen.
   In 393 n. Chr. fanden die 287. Spiele der Antike statt. Es waren zugleich die letzten, denn ein Jahr später hatte der römische Kaiser Theodosius I. alle heidnischen Zeremonien verbieten lassen, darunter auch diese Wettkämpfe.

Athen war 1896 der Austragungsort der 1. Olympischen Spiele der Neuzeit. Dazu wurde das antike Stadion des Herodes Atticus wieder aufgebaut (1906 vollendet).
Erster Olympiasieger war der Amerikaner James B. Connolly, der den Dreisprung gewann (13,71 m). Insgesamt gingen 241 Teilnehmer (nur männliche) aus 14 Nationen an den Start, davon ca. 70 % Griechen.

Die Veranstaltung wurde ein großer Erfolg. Höhepunkt der zehntägigen Veranstaltung war der Marathonlauf. Der Grieche Spiridon Louis siegte auf der historischen Wegstrecke von Marathon nach Athen und avancierte zum Volkshelden.

... Abbott, Margaret Ives

Bei den Olympischen Spielen 1900 in Paris gewann die US-Amerikanerin Margaret Ives Abbott im Alter von 21 Jahren das Olympische Golfturnier. Sie ist damit die erste und bisher einzige Golf-Olympiasiegerin. Mehr noch, sie ist überhaupt die erste

Olympiasiegerin der USA. Und dennoch war und ist sie in den USA wenig bekannt. Kurz zu ihrer Geschichte: Margaret Ives Abbott wurde am 5.6.1878 in Kalkutta geboren. Abbott war Tochter von Mary Ives Abbott, einer Chicagoer Autorin und Literaturkritikerin.

Margaret Ives begann 1897 mit dem Golfspiel im Chicago Golf Club. Dort trainierte sie mit einigen der besten Golfspieler, darunter mit dem ersten US-Open-Sieger der USA, Charles B. Macdonald. Ein Jahr später erreichte sie bereits ein Handicap von zwei und gewann einige Damen-Golfturniere.

1898 reisten Margaret und ihre Mutter Mary nach Paris. Margaret studierte an der Sorbonne Kunst. In der Freizeit nahmen sie regelmäßig an Golfbewerben teil. Durch ein Plakat wurden sie auf das Golfturnier anlässlich der Weltausstellung aufmerksam. Mutter und Tochter meldeten sich an und spielten am 3. Oktober 1900 das 9-Loch-Wettspiel mit. Margaret Ives Abbott war in guter Form und siegte mit zwei Schlägen Vorsprung vor ihren Landsmänninnen Polly Whittier und Daria Pratt. Da zu jener Zeit die Weltausstellung das Dominante war, spielte der Olympische Sport in der Öffentlichkeit kaum eine Rolle. So ist zu vermuten, dass auch Margaret Ives Abbott nicht wusste, dass sie einen Olympiasieg errungen hatte. Erst im Rahmen der Olympischen Spiele 1996 in Atlanta wurden Historiker auf ihren Namen und ihre Leistung aufmerksam. Sie starb am 10. Juni 1955 in Greenwich, Connecticut.

B wie ...   Olympische **Bewegung**   *und ...*

Unter der **Olympischen Bewegung** versteht man die von Pierre de Coubertin (siehe auch unter C) begründete pädagogische Bewegung, die auf eine verbesserte körperliche und ethische Erziehung der Jugend der Welt mittels Sport zielt.

Öffentlicher Höhepunkt dieser Bewegung sind die alle vier Jahre stattfindenden Olympischen Spiele. Von der Begegnung im friedlichen und fairen sportlichen Wettkampf versprach sich Coubertin auch eine bessere Verständigung und größere Achtung zwischen den Menschen und Völkern.

An der Spitze der Olympischen Bewegung steht das Internationale Olympische Komitee (IOC), das in der Olympischen Charta die fundamentalen Prinzipien des Olympischen Sports formuliert hat (siehe auch unter I, wie IOC).

Zur Olympischen Bewegung gehören all jene, die auf der Grundlage der Charta handeln und die Führung des IOC anerkennen, das sind:

> ➤ Internationale Verbände in den Olympischen Sportarten,
> ➤ die Nationalen Olympischen Komitees,
> ➤ die Organisationskomitees Olympischer Spiele,
> ➤ Athleten,
> ➤ Schiedsrichter,
> ➤ Verbände und Vereine sowie
> ➤ weitere Organisationen und Institutionen, die aufgrund ihres Engagements vom IOC anerkannt wurden.

Der Deutsche Olympische Sportbund (DOSB) ist Teil der internationalen Olympischen Bewegung (siehe auch unter D).

... Berlin

In Berlin waren zweimal Olympische Golfturniere vorgesehen:

Das erste Mal 1916:

➢ *Die 14. Session des IOC beauftragte im Juli 1912 die Stadt Berlin mit der Austragung der Spiele 1916.*

➢ *Deutschland wollte Golf ins Olympische Programm bringen.*

➢ *Carl Diem, Generalsekretär des Deutschen Reichsausschuss für Olympische Spiele, stellte Coubertin, Präsident des IOC, den Programmentwurf, der auch Golf beinhaltete, vor.*

➢ *Dem Entwurf wurde zugestimmt.*

➢ *Bereits am 13.11.1913 wurde das Olympiaprogramm, einschließlich Golf, der Öffentlichkeit vorgestellt.*

➢ *Ein Einzel- und ein Mannschaftszählspiel waren vorgesehen.*

➢ *Das Turnier sollte am 28.05.1916 um 9.00 Uhr auf dem Golfplatz Berlin-Westend beginnen.*

➢ *Aufgrund des 1. Weltkrieges fanden keine Olympischen Spiele statt.*

Das zweite Mal 1936:

➢ *Berlin hielt 1932 den Zuschlag für die Spiele 1936.*

➢ *Wieder war die Durchführung eines Golfturniers geplant.*

➢ *Ohne ein IOC-Verfahren zur Aufnahme von Golf beantragt zu haben, stürzten sich die Deutschen auf die Vorbereitung eines Olympischen Golfturniers.*

➢ *Man stützte sich auf den Beschluss des IOC-Kongresses von 1914 in Paris, nachdem Golf als fakultative Sportart ins Standardprogramm gesetzt worden war.*

➢ *Spielstätte sollte Berlin-Wannsee sein.*

➢ *Ohne IOC-Verfahren und ohne Zustimmung aus dem R&A St. Andrews gibt es jedoch kein Olympisches Golfturnier!*

➢ *Olympisch war Wannsee aber dennoch: die Modernen Fünfkämpfer trugen am 6.08.1936 ihren Geländelauf auf dem Gelände des Golfareals aus.*

Pierre de **Coubertin** gilt als Begründer der Olympischen Bewegung und der Olympischen Spiele der Neuzeit.

Geboren am 1. Januar 1863 in Paris, aufgewachsen in einer alten Adelsfamilie studierte er nach dem Abitur (1880) an der Ecole des Sciences Politiques. Bildungsreisen, die ihn seit 1883 nach England und Nordamerika führten, inspirierten ihn, sich für notwendige Erziehungsreformen im republikanischen Frankreich einzusetzen. Coubertin selbst war aktiver Sportler. Doch er engagierte sich vor allem für den Aufbau von Schülersportvereinen, später als Generalsekretär der nationalen Schulsportföderation (USFSA).

Die deutschen Ausgrabungen von Olympia (1875 bis 1881) sowie so genannte „olympische" Sportfeste in vielen Ländern ließen bei Coubertin die Idee von internationalen Olympischen Spielen reifen. Diese Möglichkeit sah Coubertin in der Wiedereinführung der (antiken) Olympischen Spiele unter den Bedingungen der Neuzeit. Im Juni 1894 lud Coubertin zu einem Internationalen Kongress nach Paris ein, der die Gründung des IOC und die Vergabe der 1. Olympischen Spiele 1896 nach Athen beschloss.

Zwei Jahre später übernahm Coubertin die Präsidentschaft, die er bis 1925 ausübte. Danach wurde er Ehrenpräsident der Olympischen Spiele auf Lebenszeit.
1937 starb Coubertin in Genf. Sein Herz ruht in einer Marmorsäule in Olympia. Seine Frau Marie (geb. Rothan) starb 1963 mit 101 Jahren, sein Sohn Jacques 1952 und seine Tochter Renée 1968; beide blieben ohne Nachkommen.

Mehr dazu im Handbuch von R. Bierstedt
„ASCHLAG OLYMPIA: JUGEND & GOLF"

... **Charles** Edward Sands

Der US-Amerikaner ist der erste Olympiasieger im Golf.

Beim Olympischen Golfturnier am 2. und 4. Oktober 1900 in Paris siegte er vor den beiden Briten Walter Rutherford und David Robertson. Charles Edward Sands benötigte für die 36 Löcher 176 Schläge (siehe auch unter P).

Sein Heimatclub war der St. Andrews Golf Club in New York.

Der 1,81 m große Charles Sands war ein vielseitiger Sportler. So nahm er auch an den Tenniswettkämpfen in Paris teil. Er startete bei diesem Olympischen Tennisturnier in 3 Disziplinen: Herreneinzel, Herrendoppel (mit Archibald Warden) und im Mixed (mit Georgina Jones). Jedoch in all diesen Wettbewerben schied er in der ersten Runde aus.

Im Jahre 1908 startete er bei den Olympischen Sommerspielen in London. Diesmal aber in der Sportart Jeu de Paume. Und wiederum schied in der ersten Runde aus.

Jeu de Paume, französisch für „Spiel mit der Handinnenfläche", wird aber in der Regel mit einem Holzschläger und mit Wänden gespielt, wie beim Squash. Es gilt als ein Vorläufer des Tennis.

* geboren: 22.12.1865 in New York

* gestorben: 09. 08.1945 in Brookville

15

D wie ... DOSB // DOA // DOG   *und ...*

DOSB: Der **Deutsche Olympische Sportbund** ist die Dachorganisation des deutschen Sports. Er ist für alle Belange des Sports und des Olympismus in Deutschland verantwortlich. Der DOSB wurde 2006 durch Zusammenschluss des Deutschen Sportbundes und des Nationalen Olympischen Komitees für Deutschland gegründet. Zu den zentralen Aufgaben im Leistungssport gehören die Entsendung und die Betreuung der Olympiamannschaften.

Mit dem Mandat des DOSB wirkt die *dsj – die Deutsche Sportjugend* mit dem Ziel, junge Menschen in ihrer Persönlichkeitsentwicklung zu fördern.

DOA: Die **Deutsche Olympische Akademie Willi Daume** beschäftigt sie sich mit Sinn- und Grundsatzfragen der Olympischen Bewegung und ihren vielfältigen historischen, politischen, sozialen, ökonomischen und kulturellen Aspekten und verfolgt dabei ebenso einen wissenschaftlichen Anspruch wie das Ziel einer breiten öffentlichen Wirkung.

DOG: Die **Deutsche Olympische Gesellschaft** ist ein Förderverein, der sich für die Verbreitung des Olympischen Gedankens in Sport und Gesellschaft einsetzt. Die DOG vermittelt unter dem Leitmotiv „Leistung macht Spaß" mit über 40 Zweigstellen und großem Engagement die Olympischen Werte, vor allem im Kinder- und Jugendbereich.
Dafür stehen u.a. diese Initiativen/Projekte:

> ➢ „Fair-Play-Initiative",
> ➢ „kita move",
> ➢ „Jung, sportlich, FAIR",
> ➢ „Bewegungspatenschaften" sowie
> ➢ "Kinder bewegen".

... DGV und DGA

*DGV: Der **Deutsche Golf Verband** ist Mitglied im Deutschen Olympischen Sportbund und von diesem der allein anerkannte Spitzenverband für Golfsport in Deutschland.*

Im Jahre 1907 gründeten 8 Golfclubs in Hamburg den DGV, der aktuell seinen Sitz in Wiesbaden hat. Als Dachverband für die Golfclubs und Golfanlagen in Deutschland vertritt er die Interessen der Mitgliederclubs und -anlagen mit ihren registrierten Amateur-Golfspielern, die in Landesgolfverbände untergliedert sind. Der DGV gehört zu den größten Verbänden des DOSB sowie des europäischen Golfsports. Gemäß Satzung fördert und regelt der DGV den Golfsport in Deutschland. Diese Förderung umfasst den Breitensport sowie den Leistungssport.

*Großes Augenmerk legt der DGV auf Erfordernisse der Olympischen Spiele. So zum Beispiel durch die Förderung der Golfer im Golf Team Germany in dieser Kaderstruktur: Junior Team Germany, National Team Germany und Elite Team Germany. Bei dem Olympischen Golfturnier 2016 in Rio war Deutschland mit 4 Golfsportlern vertreten, siehe dazu unter **R**.*

*DGA: Das **Deutsche Golf-Archiv** ist das Verbandsarchiv des Deutschen Golf Verbandes und Forschungsarchiv der Deutschen Sporthochschule Köln.*

Vorrangige Aufgaben zur sport- und kulturhistorische Erforschung des deutschen Golfsports im internationalen Kontext, so auch zur Olympischen Bewegung, bestehen in der Quellenbeschaffung, Archivierung, Lese- und Leihverkehrsregelung.

Das DGA ist Bestandteil des Carl und Liselott Diem-Archivs und mit diesem als Sportartenarchiv in das Olympische Studienzentrum der DSHS Köln eingegliedert. Das DGA bietet Einblick in Sammlungen zur Club- und Verbandsgeschichte, zu Golf in der Sport- und Olympiahistorie und Golf in einer umfassenden Kulturgeschichte: zurück bis zur Golflektion im Kölner Lateinbuch von 1575.

E wie ...   Olympischer **Eid**   *und ...*

Der **Olympische Eid** ist eine Art Verpflichtung der Teilnehmer der Olympischen Spiele. Bereits bei den Olympischen Spielen der Antike war es Tradition, dass die Athleten schworen, die Regeln der Wettkämpfe zu achten und sich den Mitstreitern gegenüber fair zu zeigen.

Bei den Spielen 1920 in Antwerpen wurde dieser Brauch wieder eingeführt.

Der Fechter Victor Boin sprach als Sportler des Austragungsortes stellvertretend für alle Teilnehmer den Schwur bei der Eröffnungsfeier.

Seit Sydney 2000 gilt dieser Text, der erstmals eine Antidopingklausel enthält, als Olympischer Eid:

„Im Namen aller Athleten verspreche ich, dass wir an den Olympischen Spielen teilnehmen und dabei die gültigen Regeln respektieren und befolgen und uns dabei einem Sport ohne Doping und ohne Drogen verpflichten, im wahren Geist der Sportlichkeit, für den Ruhm des Sports und die Ehre unserer Mannschaft."

Seit 1972 legen auch die **Schiedsrichter** einen Eid ab:

„Bei meiner Ehre erkläre ich, dass ich mich als Kampfrichter nur vom Geiste der sportlichen Fairness und der Würde des Sports leiten lassen werde. Ich verpflichte mich, die gezeigten Leistungen ohne Rücksicht auf die Person oder die Nation gewissenhaft zu beurteilen."

... *EGA*

Die EGA = European Golf Association ist der Europäische Golfverband.

Die EGA befürwortete auf der International Golf Conference vom 01. bis 03.05.1985 in St. Andrews die Idee von Golf bei Olympischen Spielen.

Leider konnte jedoch die Mehrheit der Golfverbände nicht davon überzeugt werden, Golf bei Olympischen Wettkämpfen zu spielen.

Im Oktober 1988 unternahm die EGA einen weiteren Anlauf, um Golf olympische zu machen.

Die EGA setzte sich auf Beschluss der Generalversammlung dafür ein, gemeinsam mit PGA (Professional Golfers Association) European Tour die Sportart Golf als Exhibition Sport für 1992 bei den Olympischen Sommerspielen in Barcelona zu präsentieren.

Doch es gelang wieder nicht. Das NOK Spaniens war zwar dafür, doch das IOC lehnte Exhibition Sports ab.

Die EGA wurde 1937 gegründet. Ihre Mitglieder sind die nationalen Amateurgolfverbände Europas.

43 Mitgliedsländer gehören der EGA an. So auch der Deutsche Golf Verband.

Der Sitz der EGA liegt in der Schweiz, in der Nähe von Lausanne.

Erstmals wurde bei den Olympischen Spielen 1928 in Amsterdam ein Olympisches Feuer entzündet. Ein Olympischer **Fackellauf** wurde zum ersten Mal 1936 anlässlich der Olympischen Spiele in Berlin durchgeführt. Der Ablauf dieser Olympischen Zeremonie bis 2008: Feierliche Entzündung des Olympischen Feuers in Olympia. Geschieht mit Hilfe eines Hohlspiegels an der Sonne einige Monate vor der Eröffnung der Spiele. Danach Beförderung der brennenden Flamme per Fackellauf über Athen in die jeweilige Olympiastadt.

Mit dieser Symbolik wird an den Ursprung der Olympischen Spiele erinnert. Denn schon in der Antike wurde ein Olympisches Feuer entzündet, zu Ehren der Göttin Hestia. Ein antiker Fackellauf fand jedoch **nicht** statt.

Die Durchführung des Olympischen Fackellaufs in Vorbereitung der Olympischen Spiele 2008 in Peking erwies sich als großes Problem. Um auf Menschenrechtsverletzungen in China aufmerksam zu machen, hatten Demonstranten den Lauf massiv gestört, so in London, Paris, San Francisco, Neu-Delhi. Tausende Sicherheitskräfte haben den Fackellauf absichern müssen.
Daraufhin hat das IOC am 27.03.2009 beschlossen, den Fackellauf ab 2016 nur noch im Gastgeberland auszutragen.

Die Veranstalter der Spiele 2010 (Vancouver) und 2012 (London) verzichteten bereits von sich aus auf einen weltumspannenden Lauf. Nach Entzündung der Flamme an historischer Stätte im Heiligen Hain von Olympia ging es auf direktem Weg (in der Regel per Flugzeug) in das Land der Olympischen Spiele. Auf nationalem Boden wurde dann der Fackellauf organisiert.

... Fairplay beim Golf

Erinnern wir uns. Pierre de Coubertin, der Begründer der Olympischen Bewegung der Neuzeit, sagte 1908 in London:
*"Das Wichtige am Leben ist nicht der Triumph, sondern der Kampf. Wesentlich ist nicht gesiegt, sondern **ritterlich gut gekämpft** zu haben."*
Dieser Olympische Fairness-Gedanke kommt vor allem im Motto des Golfsports
„Spirit of the Game"
voll zur Geltung.

Die Golfetikette umfasst Richtlinien für das Verhalten, das man von einem Golfer auf dem Golfgelände erwartet:
sportlich-fair, rücksichtsvoll.
Olympisch betrachtet, sollte jeder Golfer diese Erwartungen zu seinem eigenen Wollen machen.

Die Kernpunkte der Golfetikette
Zur Golfetikette gehören laut Regelwerk 3 Komplexe:
  A) Sicherheit und Rücksichtnahme auf dem Golfplatz
  B) Vorrecht auf dem Golfplatz
  C) Schonung des Golfplatzes
*Vor allem unter A) wird der **„wahre Geist des Golfspiels"** hervorgehoben. Dieser besteht ...*
  1. im ehrlichen Spiel nach geltenden Regeln,
  2. in der Rücksichtnahme auf andere Spieler,
  3. im disziplinierten Verhalten,
  4. im höflichen Auftreten.
Der Athlet soll also jederzeit den Sportsgeist erkennen lassen. Diese vier Verhaltensweisen entsprechen durchaus dem Olympischen Anspruch.

Mehr dazu im Handbuch
„ASCHLAG OLYMPIA: JUGEND & GOLF"

G wie ... **gestrichene** Sportarten/Disziplinen *und ...*

Im Verlaufe der Geschichte der Olympischen Spiele wurden verschiedene Sportarten oder Disziplinen wieder aus dem Olympischen Programm **gestrichen**, nachdem sie ein- oder zweimal ausgetragen wurden. Zu den gestrichenen Sportarten zählen u.a.: Boule (1900 letzter Olympia-Auftritt), Cricket (1900), Feldhandball (1936), Croquet (1900), Motorbootrennen (1908), Polo (1924), Rugby (1924).

Leider gehört auch Golf dazu. Nach 1900 in Paris (siehe auch bei P) und 1904 in Saint Louis (siehe auch bei S) wurde Golf nicht mehr bei Olympia gespielt. Das geplante Golfturnier bei den Olympischen Spielen 1908 in London musste ausfallen, denn es reiste nur ein Golfer an, der Titelverteidiger George Lyon aus Kanada. Danach gab es unzählige Bemühungen, Golf wieder zu etablieren. Alle Versuche schlugen fehl, bis zur 121. IOC-Session in Kopenhagen, die den Beschluss fasste, Golf wieder ins Programm zu nehmen für 2016 und 2020 (siehe unten sowie auch unter I).

Zu den gestrichenen Disziplinen, Beispiele:
Judo: Offene Klasse (Los Angeles 1984 letzter Olympia-Auftritt)
Kanu: 10.000 m Faltboot-Einer u. Faltboot-Zweier (Berlin 1936)
Leichtathletik: Pentathlon (1924)

Tauziehen (1920)

Radsport: Tandem (München 1972)
Reiten: Kunstreiten Einzel und Mannschaft (Antwerpen 1920)
Schwimmen: Unterwasserschwimmen (Paris 1900)
Turnen: Tauhangeln u. Federbrettsprung (Los Angeles 1932)
Wasserspringen: Kopfweitsprung (St. Louis 1904)

... Golf in der Schule

Olympische Erziehung und Olympische Wertevermittlung haben im Schulsport einen festen Platz. Auch im Schulgolf. Besonders an jenen Schulen, die an der Jugendinitiative des DGV und der VcG „Abschlag Schule" sowie an dem Schülerwettstreit „JUGEND TRAINIERT FÜR OLYMPIA" teilnehmen.

Dabei haben sich diese Optionen bewährt:

> *Die Einbeziehung von golfsportlichen Elementen in den Sportunterricht (Schulturnhalle oder/und Sportplatz)*

> *Golf als Angebot im Wahlpflichtbereich (WP): WP 1 ab Kl. 7 und WP 2 ab Klasse 9*

> *Schulsport-Arbeitsgemeinschaften Golf (besonders an Grundschulen)*

> *Kursangebote in Sek. II (z.B. Gymnasien)*

> *Schnupperkurse/-Stunden Golf; bereits ab Jahrgangsstufe 1 oder 2 auch auf dem Golfplatz*

> *Golfsport im übergreifenden Themenkomplex; Golf für fachübergreifende und fächerverbindende Projekte sehr gut eignet: Englisch, Physik, Biologie, Geografie, Deutsch, Zeichnen, Geschichte, WAT.*

> *Spezial-Kurse. Zum Beispiel: golfend Englisch lernen, Caddie-Kurse, Golf als Konzentrationsschulung für AD(H)S-Schüler*

> *Golf-Wettkämpfe. Schulintern, Schulvergleiche, DGV-Wettspiele und vor allem: Golf bei „JTFO"*

> *Schul- und Klassenfahrten mit Golf als Schwerpunkt*

H wie ...   **Hymne**, olympische   *und...*

Die **Olympische Hymne**, ein Musikstück, das speziell für die
1. Olympischen Spiele von 1896 geschrieben wurde.
Komponist: Spiridon Samaras
Text: Kostas Palamas

Erst 1958 wurde sie vom IOC zur offiziellen Hymne erklärt. Seit
den Olympischen Sommerspielen 1964 in Tokio wurde sie bei
allen olympischen Spielen aufgeführt. Die Hymne wird während
der Eröffnungsfeier der Spiele beim Hissen der Olympischen
Flagge und in der Abschlussfeier bei der Einholung derselben
gespielt und/oder gesungen. Als offizielle olympische Festmusik
ist sie Bestandteil aller wichtigen Ereignisse der olympischen
Bewegung.

Der Text in deutscher Übersetzung (TU Chemnitz):

Alter unsterblicher Geist, reiner Vater
des Schönen, des Großen und des Wahren,
Steig herab, erscheine und erstrahle hier
im Ruhme deines eigenen Landes und des Himmels.
Auf der Bahn, im Ring und auf Fels
leuchte im Ansturm der edlen Kämpfe,
bekränze mit unverwelklichem Zweig
und bilde stählern und anmutig den Leib.
Ebenen, Berge und Meere glänzen gemeinsam mit dir
wie ein weißpurpurner großer Tempel,
und es läuft zum Tempel hier als dein Pilger,
oh heiliger unsterblicher Geist, ein jedes Volk.

... Handlungsorientierung für Golfer: Olymp. Ideale

Von einem Sportler, der eine olympische Sportart ausübt, erwartet man, dass er im Sinne der Olympischen Idee handelt. Das gilt natürlich voll inhaltlich auch für den Golfer.

Von Pierre de Coubertin stammt der grundlegende Hinweis:
„Der Olympismus ist kein System, er ist eine geistige Haltung."

Folgende Grundsätze machen diese **Olympische Geisteshaltung** *aus: Die Idee von ...*

> ➤ *einer harmonischen Ausbildung des ganzen Menschen*
> ➤ *der menschlichen Vervollkommnung*
> ➤ *der freiwilligen Bindung im sportlichen Handeln*
> ➤ *Frieden und Völkerverständigung*
> ➤ *der Gleichberechtigung*

Aus der Sicht des Golfers ergeben sich daraus ganz praktische Handlungsorientierungen:

1. Den Körper und den Geist gleichermaßen zu entwickeln. Dies bedeutet zweierlei: Zum einen, dauerhaft zu lernen, zu üben, zu trainieren. Zum anderen, sportliches und olympisches Wissen anzueignen.

2. Beim Üben und beim Wettstreit gilt für jeden Golfer: Aus seinen ganz persönlichen Möglichkeiten das Beste zu machen. Siegen ist schön, aber es geht nicht „um den Sieg um jeden Preis".

3. Fair verhalten! Also: „Spirit of the game" ist ernst zu nehmen! Fair Play geht vor! Auf dem Platz wie im Leben generell.

4. Für Frieden und Völkerverständigung einsetzen. Denn: Ohne Friedlichkeit und Friedfertigkeit keinen Olympischen Sport.

5. Für Gleichberechtigung im Sport eintreten. Gemeint ist die Gleichberechtigung von Nationen, Sportarten, Rassen, Kulturen, Weltanschauungen und Geschlechter.

I wie ...   **IOC**   *und ...*

Das **Internationale Olympische Komitee (IOC)** wurde 1894 auf
Initiative von Pierre de Coubertin in Paris gegründet.

In 1896 wurde der Deutsche
Willibald Gebhardt
in das Komitee berufen.

IOC-Mitglieder 1896
in Athen. Stehend links: W. Gebhardt; am Tische links: Coubertin.

Das IOC vertritt auf der Grundlage der Olympischen Charta den
Olympismus weltweit. Es ergreift Maßnahmen, um die Athleten
und die Einheit der Olympischen Bewegung zu sichern. Jeweils im
Vier-Jahres-Rhythmus veranstaltet das IOC als kulturellen und
sportlichen Höhepunkt Olympische Sommer- und Winterspiele.

Das IOC tritt für Ethik (Werte, Sitten, Gebräuche, Normen) im
Sport ein, verbreitet die Olympischen Werte.

Alle Rechte an den Olympischen Symbolen, wie ...
> ➤ Fahne,
> ➤ Mottos,
> ➤ Hymne
> ➤ sowie an den Spielen selbst,
werden vom IOC beansprucht.

Amtssprachen sind Französisch und Englisch.

Seit 1915 ist der Schweizer Ort Lausanne Sitz des IOC.

26

... IOC-Vollversammlung, die 121.

In Kopenhagen tagten vom 01. bis 09. Oktober 2009 der XIII. IOC-Kongress und die 121. IOC-Vollversammlung.

Hauptthema: "The Olympic Movement in Society."
Die Aufnahme 2 neuer Sportarten für die Olympischen Spiele 2016 war ein Thema unter anderen. Für die Golferwelt jedoch ein erstrangiges Thema. Denn Golf stand wieder zur Diskussion. Außerdem 6 weitere Kandidaten: Squash, Softball, Baseball, Karate, Rugby und Roller Sports.

Die Beschlussfassung über den zwei neuen Olympischen Sportarten wurde auf der Tagung des IOC- Executive Committee am 13.08. 2009 in Berlin vorbereitet. Die 14 anwesenden IOC-Vertreter hatten die Aufgabe, zwei der sieben Sportarten der IOC-Vollversammlung in Kopenhagen zur Aufnahme ins Olympische Programm 2016 vorzuschlagen. Dazu war eine Mehrheit von 9 Stimmen für jede Sportart erforderlich.

*Um diese beiden Sportarten zu küren, waren 6 Wahlrunden notwendig. In der 2. Runde erreichte Rugby die Mehrheit von 9 Stimmen. Und schließlich in der **6. Runde setzte sich dann Golf** als 2. Sportart mit 9 Stimmen gegen Karate (3 Stimmen) und Softball (2 Stimmen) **durch**. Aber es war ja nur eine Vorentscheidung. Gespannt schaute die Golferwelt nach Kopenhagen.*

Am 09. Oktober 2009 kam es zur Entscheidung.
Die 121. IOC-Vollversammlung nahm die Empfehlung der IOC-Exekutive an und beschloss, Golf und Rugby in das Olympische Programm von 2016 aufzunehmen. *Dieser IOC-Beschluss gilt auch für die Olympischen Spiele 2020. In 2017 entscheidet dann das IOC, ob Golf auch danach im Olympischen Programm verbleibt.*

Ein großer Ansporn für die golfende Jugend, noch zielgerichteter und intensiver bei „Abschlag Schule" bzw. im Golfclub zu trainieren sowie die Golfwettspiele im Rahmen von „JUGEND TRAINIERT FÜR OLYMPIA" zu bestreiten.

J wie ...   Olympische **Jugendlager**   *und ...*

Deutsche Olympische Jugendlager direkt am Austragungsort der Olympischen Spiele durchzuführen, ist zu einer guten Tradition geworden. Diese Camps werden im Auftrag des DOSB von der Deutschen Olympischen Akademie (DOA) und der Deutschen Sportjugend (dsj) organisiert.

Das Ziel besteht darin, über das unmittelbare Erleben der „olympischen Atmosphäre" die leistungssportliche Motivation der Nachwuchsathleten zu festigen, die Vereins- und Verbandsarbeit und das sportpolitische Engagement anzuregen, olympische Werte zu vermitteln sowie den interkulturellen Austausch zu fördern. Jugendliche im Alter von 16 - 19, die bestimmte Voraussetzungen erfüllen, können sich über ihre jeweiligen Fachverbände bewerben. Die Kostenbeteiligung der Teilnehmer beträgt nur ca. 500 Euro für die 2 Wochen. Monate vor den Spielen werden die ausgewählten Teilnehmer bei einem gesonderten Vorbereitungstreffen auf die Tage vor Ort vorbereitet. Dabei stehen zum Beispiel solche Themen auf der Agenda:

Auseinandersetzung mit Fragen des Olympischen Gedankens und der Olympischen Werte, grundsätzliche Aspekte der Olympischen Erziehung, das Kennenlernen des Gastgeberlandes, das Kennenlernen untereinander sowie die Klärung organisatorischer Fragen.

Am Olympia-Ort und eingekleidet mit einer Olympia-Kleidung nehmen die Jugendlichen aktiv teil an den kulturübergreifenden Programmen, die das IOC und das Gastgeberland für junge Leute aus der ganzen Welt vorbereitet hat. Im Kern geht es um das Kennenlernen anderer Kulturen sowie das Hineinschnuppern in die Olympische Atmosphäre.

Und natürlich fiebert man besonders bei den Olympischen Wettkämpfen mit. In diesem tragen diese Olympischen Camps zur Völkerverständigung bei.

... JTFO = Jugend trainiert für Olympia

*Seit 2007 wird Golf offiziell bei „Jugend trainiert für Olympia"
gespielt, nachdem die Phase der Demonstrationswettkämpfe in
2005 und 2006 erfolgreich verlief.*

*Die Entscheidung für die Aufnahme von Golf bei Jugend trainiert
für Olympia fiel auf der Kuratoriumssitzung der Deutschen
Schulsportstiftung am 30. März 2007. Der Golfsport wurde somit
als 16. Sportart in das Standardprogramm integriert.*

*Die Aufnahme der Sportart Golf
stellt eine Bereicherung für das
JTFO-Angebot dar.*

*Die Qualifikationsveranstaltungen
in den Ländern begannen gleich
nach den Osterferien 2007.*

*Das erste offizielle Bundesfinale Golf wurde am 18. und 19.
September 2007 im Berliner GC Gatow ausgetragen, der auch
heute noch Ausrichter der jährlichen Bundesfinals Golf ist. Von
den 14 gestarteten Schulmannschaften setzte sich das Johannes-
Kepler-Gymnasium Leonberg als erster Bundessieger Golf durch.
Gespielt wurde am 1. Tag ein Klassischer Vierer und am 2. Tag ein
Einzel Zählspiel.*

*Inzwischen hat sich Golf bei Jugend trainiert für Olympia sowohl
auf Landesebene als auch im Bund voll bewährt.*

*Dies ist vor allem dem Engagement des DGV und der VcG zu
verdanken, die sich zielstrebig für die Einführung von Golf bei
JTFO einsetzten. Mit der Jugendinitiative „Abschlag Schule"
wurde zudem die wichtigste Voraussetzung geschaffen, um die
Sportart Golf an Schulen zu etablieren.*

K wie ... Kunstwettbewerbe *und ...*

Kunstwettbewerbe bei Olympischen Spielen, wie Kultur und Kunst generell, spielten von jeher anlässlich Olympischer Wettkämpfe eine bedeutende Rolle, in der Antike wie in der Neuzeit. Davon zeugen die kulturvollen Eröffnungs-veranstaltungen, Rahmenprogramme oder die Abschluss-veranstaltungen.

In den Jahren zwischen 1912 und 1948 fanden bei sieben Olympischen Spielen sogar Kunstwettbewerbe statt. Künstler aus aller Welt legten in 18 verschiedenen Genres ihre Werke vor.

Die besten künstlerischen Leistungen wurden mit Medaillen gewürdigt. So z.B. erhielt 1928 der Niederländer Jan Wils (1891-1972) die Goldmedaille für den architektonischen Entwurf des Olympiastadions von Amsterdam.

Der sicherlich bekannteste Teilnehmer an Kunstwettbewerben war Pierre de Coubertin, der an den Olympischen Spielen 1912 in Stockholm teilnahm. Unter dem Pseudonym Georg Hohrod und Martin Eschbach hatte Coubertin seine "Ode an den Sport" eingereicht. Nicht ahnend, wer sich dahinter verbirgt, wurde für diese Ode die Goldmedaille in der Rubrik Literatur / Dichtung vergeben. Übrigens, Hohrod und Eschbach sind Orte im Elsass.

Unter den ausgezeichneten Deutschen sind besonders zu nennen:
- ➢ der Komponist Werner Egk, Goldmedaille 1936 Berlin für die Orchester-Musik/Komposition "Olympische Festmusik" und
- ➢ der Dichter Rudolf Georg Binding, Silber in Amsterdam 1928 für das lyrische Werk "Reitvorschrift für eine Geliebte".

... *Kasumigaseki Country Club bei TOKIO*

Die japanische Hauptstadt richtet nach 1964 nunmehr zum zweiten Male Olympische Spiele aus.

Die Spiele der XXXII. Olympiade werden vom 24.7. - 9.8.2020 in Tokio stattfinden.

Die Golfsportler/innen werden im *Kasumigaseki Country Club* abschlagen.

Es ist ein privater Golfplatz in der Stadt Kawagoe, Präfektur Saitama, in der Nähe von Tokio.

Zugleich ein traditionsreicher Club, der bereits seit 1929 besteht und damit der erste Golfplatz in Saitama war.

Hier fanden u.a. statt:

➢ der Canada Cup 1957

➢ die Japan Open Golf Championship im Jahr 1933, 1956, 1995 und 2006 sowie

➢ die Asian Amateur Championship im Jahr 2010

Die Teilnehmer am Olympischen Golfturnier 2020 werden auf zwei neugestalteten Golfplätzen an den Start gehen können.

Der East Course:
Par 71   Länge 6.514 Meter

Der West Course
Par 73   Länge 6.580 Meter

Für Zuschauer sind rund 1.000 Sitzplätze und 24.000 Stehplätze vorgesehen.

L wie ...   Larissa Latynina   *und ...*

Larissa Latynina ist die erfolgreichste Olympiateilnehmer**in** aller Zeiten, gemessen an der Medaillenanzahl.

Bei den Olympischen Spielen 1956 in Melbourne, 1960 in Rom und 1964 in Tokio errang sie im Turnen insgesamt 18 Olympische Medaillen, davon

- ➢ 9 Mal Gold,

- ➢ 5 Mal Silber und

- ➢ 4 Mal Bronze.

Mit 32 Jahren beendete die sowjetische Turnerin, die eigentlich Balletttänzerin werden wollte, ihre einzigartige Karriere.

Neben ihren olympischen Erfolgen gewann sie auch
- ➢ 9 Weltmeister- und
- ➢ 7 Europameistertitel.

Latynina wurde am 27.12.1934 in Cherson (Ukraine) geboren.

Das IOC zeichnete sie 1989 mit dem Olympischen Orden aus.

Übrigens,
erfolgreichster Olympiateilnehm**er** ist Michael Phelps (USA).
Er gewann im Schwimmen von 2000 bis 2016 insgesamt 28 Medaillen, darunter allein 23x Gold sowie 3x Silber und 2x Bronze.

... Lyon, George Seymour

Der Kanadier George Seymour Lyon ist der zweite Golf Olympiasieger in der Olympischen Geschichte. Im Finale des Olympischen Golfturniers 1904 in St. Louis (mehr: Buchstabe S) besiegte er den Amerikaner Chandler Egan. Zu den Olympischen Spielen 1908 reiste er nach London an, um seinen Olympiatitel zu verteidigen, doch das geplante Golfturnier wurde kurzfristig abgesagt. Ihm wurde die Goldmedaille angeboten, er lehnte jedoch ab.

Zu seiner Person:
George Seymour Lyon wurde am 27.07.1858 in dem kleinen Dorf Richmond, gelegen im Osten der Provinz Ontario, etwa 36 km von der kanadischen Hauptstadt Ottawa entfernt, geboren.
Seine sportliche Karriere begann er als Cricket-Spieler. Als Schlagmann gehörte er zu den besten Spielern seines Landes. In die Nationalmannschaft Kanadas wurde er 8 Mal berufen.

Erst mit 38 Jahren, also 1896, wandte er sich dem Golfsport zu. Acht Jahre später wurde er Olympiasieger bei den Olympischen Spielen 1904.

Lyon gehörte den Golfclubs Rosedale Golf Club und Lambton Golf Club an. Zwischen 1898 und 1914 gewann er 8 Mal die Kanadische Golfmeisterschaft. Und zwischen 1918 und 1930 siegte er 10 Mal bei den Kanadischen Seniorenmeisterschaften. Bei den US-Amateurmeisterschaften 1906 belegte er den 2. Platz. Mit 50 Jahren erreichte er immer noch das Semifinale der Britischen Amateurmeisterschaften.

*Seit 1955 ist er Mitglied von Kanadas „Sports Hall of Fame“. Im Jahre 1971 wurde er in die Kanadische „**Golf** Hall of Fame“ aufgenommen.*
George Seymour Lyon starb am 11.05.1938 in Toronto.

Über das **Olympische Motto** heißt es in Regel 10 der Olympischen Charta 2014 des IOC: „Der olympische Wahlspruch ‚Citius-Altius-Fortius' bringt das Streben der Olympischen Bewegung zum Ausdruck."

Dieses Motto stammt vom Dominikanerpater Henri Didon.

 Am 7. März 1891 nahm er an der Eröffnung des ersten Schülersportfestes des Dominikaner Kollegs Albertus-Magnus in Arcueil, nahe von Paris, teil. Der Pater gab in seiner Ansprache den Mitgliedern seines Schulsportvereins einen Leitspruch mit auf den Weg, das lateinische

„Citius, Altius, Fortius".
Wörtlich „schneller, höher, stärker"
(im deutschen oft mit „schneller, höher, weiter" übersetzt).

Henri Didon charakterisierte dies als das Fundament und die Begründung des Sporttreibens schlechthin.

Pierre de Coubertin, damals Generalsekretär der französischen Vereinigung der Schüler-Sportvereine (U.S.F.S.A.), war als Wettkampfleiter dabei und zeigte sich von dieser Ansprache und dem Leitspruch tief beeindruckt.

Am 23. Juni 1894, auf der Schlusssitzung des Gründungskongresses des IOC in Paris, hat Coubertin diese drei Worte als Devise für das neugegründete internationale Komitee der Olympischen Spiele, so hieß das IOC am Anfang, vorgeschlagen. Bei Olympischen Spielen tauchte es erstmals 1920 auf.

Mehr dazu im Handbuch
„ASCHLAG OLYMPIA: JUGEND & GOLF"

... *Monaco,* Prinz Pierre

Das IOC-Mitglied Prinz Pierre von Monaco engagierte sich sehr stark für die Aufnahme von Golf bei Olympischen Spielen.

So z. B.:

> ➤ *1955 sprach er mit dem IOC-Präsident Brundage über das Thema Golf und die Olympischen Spiele.*

> ➤ *1959 hatte er einen intensiven Schriftwechsel mit dem IOC-Kanzler Otto Mayer über das Aufnahmeverfahren. In diesem Zusammenhang gab Mayer den Hinweis, dass nur eine Fédération International de Golf die Sportart Golf für das Olympische Programm vorschlagen könne, also frühestens für 1964.*

> ➤ *In einem Brief vom 12.03.1959 an Mr. Ames, Präsident der USGA (United States Golf Association), forderte der Prinz ihn auf, Schritte in Richtung Olympia einzuleiten. Mr. Ames antwortete, dass die World Amateur Team Championships bereits dem Anliegen des Internationalen Welt Amateurgolfsports diene.*

Prinz Pierre von Monaco wurde am 24. Oktober 1895 in Morbihan (Frankreich) geboren.

Er starb am 10. November 1964 in Neuilly-sur-Seine (Vorort von Paris).

Der Prinz war IOC-Mitglied von 1950 bis zu seinem Tot 1964.

Das **Nationale Olympische Komitee** (NOK) ist nach den Regeln des IOC der Sachwalter und Repräsentant der olympischen Bewegung und ihrer Ideen innerhalb eines Staates oder Territoriums. Weltweit gibt es 204 Nationale Olympische Komitees.

In Deutschland vertritt der DOSB die deutschen Interessen im Internationalen Olympischen Komitee (IOC). Entsprechend der Geschichte Deutschlands war die Wahrnehmung dieser Interessen unterschiedlich geregelt.

In aller Kürze:

Im Dezember 1895 wurde das „Komitee für die Beteiligung Deutschlands an den Olympischen Spielen 1896 in Athen" gegründet. Es wurde noch im selben Jahr vom IOC anerkannt.

Nach Bildung der Bundesrepublik Deutschland im Mai 1949 erfolgte am 24. September 1949 in Bonn die Gründung des Nationalen Olympischen Komitees für Deutschland, das vom IOC als Alleinvertreter von ganz Deutschland anerkannt wurde.

Die DDR gründete ihr eigenes Nationales Olympisches Komitee 1951 in Berlin. Dieses NOK für Ostdeutschland wurde jedoch nicht vom IOC akzeptiert, da es keine zwei NOKs pro Land geben könne. Erst 1965 erfolgte die offizielle Anerkennung.

Beide NOKs arbeiteten in Vorbereitung Gesamtdeutscher Olympia-Mannschaften 1956, 1960 und 1964 eng zusammen.

Am 17. November 1990 erfolgte in Berlin die Vereinigung beider Organisationen zum NOK für Deutschland.

Am 20. Mai 2006 fusionierte dann das Nationale Olympische Komitee für Deutschland mit dem Deutschen Sportbund (DSB) zum Deutschen Olympischen Sportbund (DOSB).

Seither vertritt der DOSB die deutschen Interessen im IOC.

... Norman, Greg

Australiens Golf-Idol Greg Norman war der erste prominente Golfsportler, der als Fackelträger bei einem Olympischen Fackellauf dabei war. Am 15. September 2000, dem Eröffnungstag der Olympischen Sommerspiele in Sydney, trug er das Olympische Feuer über die Hafenbrücke der Olympiastadt.

Er durfte diesen spektakulären Abschnitt der 100-tägigen Stafette durch den Kontinent mitgestalten. Diese Ehre empfand Norman wie seine beiden Siege bei den British Open: die größten Erfolge seiner Profi-Karriere.

Schon Wochen zuvor setzte sich Greg Norman lautstark für Golf bei Olympia ein.
„Es ist eine Schande, dass Golf nicht dabei ist", sagte der ehemalige Weltranglisten-Erste vor dem Beginn der US PGA Championship im August 2000 in Louisville (USA).

Der „Weiße Hai", wie die Golferwelt Greg Norman nannte, ist aber immerhin als Fackelläufer an den Olympischen Spielen beteiligt gewesen und war somit ein wichtiger Werbeträger für den Golfsport.

Gregory John Norman, so sein vollständiger Name, wurde am 10. Februar 1955 in Mount Isa, Queensland, Australien, geboren. Der Profigolfer führte 331 Wochen lang die Weltrangliste in den 1980er und 1990er Jahren an. Insgesamt 30 Top-Ten-Platzierungen bei den Majors kann er aufweisen. Oft scheiterte er sehr knapp oder unglücklich.

Er ist inzwischen ein sehr erfolgreicher Geschäftsmann im Golfbereich geworden, so dass er nur mehr vereinzelt an Turnieren teilnimmt.

37

O wie ...   Olympismus   *und ...*

Im deutschen Sprachgebrauch auch oft als Olympische Idee bezeichnet.

Der moderne Olympismus geht auf **Pierre de Coubertin** zurück. In der **Olympischen Charta 2014 des IOC heißt es unter anderem:**

Der Olympismus ist eine **Lebensphilosophie**, die in ausgewogener Ganzheit die Eigenschaften von Körper, Wille und Geist miteinander vereint und überhöht.
Durch die Verbindung des Sports mit Kultur und Bildung sucht der Olympismus, einen **Lebensstil** zu schaffen, der ...
➢ auf der Freude an Leistung,
➢ auf dem erzieherischen Wert des guten Beispiels,
➢ der gesellschaftlichen Verantwortlichkeit sowie
➢ auf der Achtung universell gültiger fundamentaler moralischer Prinzipien
aufbaut.

Ziel des Olympismus ist es, den Sport in den Dienst der **harmonischen Entwicklung der Menschheit** zu stellen, um eine friedliche Gesellschaft zu fördern, die der Wahrung der Menschenwürde verpflichtet ist.

Die Ausübung von Sport ist ein **Menschenrecht**. Jeder Mensch muss die Möglichkeit zur Ausübung von Sport ohne Diskriminierung jeglicher Art und im olympischen Geist haben; dies erfordert gegenseitiges Verstehen im Geist von Freundschaft, Solidarität und Fairplay.

Jede Form von **Diskriminierung** eines Landes oder einer Person aufgrund von Rasse, Religion, Politik, Geschlecht oder aus sonstigen Gründen ist mit der Zugehörigkeit zur Olympischen Bewegung unvereinbar.

... „Olympisches Golf-Komitee"

In Vorbereitung auf die 117. IOC-Vollversammlung, die über die Aufnahme von zwei neuen Olympischen Sportarten beschließen wollte, nahm die Golferwelt einen neuen Anlauf, um Golf zu präsentieren.

Dazu war es notwendig, ein einheitliches Handeln herzustellen. Lehren aus der Vergangenheit ziehend, haben sich die größten Golfverbände der Welt zu einem „Olympischen Golf-Komitee" im Juli 2008 zusammengeschlossen.

Diesem gehörten an:

- ➤ *Internationaler Golf-Verband (IGF), als Dachverband vom IOC anerkannt*
- ➤ *PGA Tour Inc.*
- ➤ *Royal & Ancient St Andrews*
- ➤ *European PGA Tour*
- ➤ *LPGA*
- ➤ *U.S. Golf Association*
- ➤ *PGA of America*
- ➤ *Augusta National*

Diese 8 Verbände / Organisationen strebten nun gemeinsam die Aufnahme in das Programm der Olympischen Sommerspiele 2016 an.

Auf der Habenseite: Golf ist inzwischen ein internationaler Sport, wird von über 60 Millionen Menschen gespielt, in etwa 120 Ländern.

Zahlreiche Spitzengolfer/innen unterstützten dieses Vorhaben und waren auf Olympia-Werbetour.
Wie wir heute wissen.
Mit Erfolg!

Die **Paralympics oder auch Paralympische Spiele** genannt, sind die Olympischen Spiele für Sportler und Sportlerinnen mit körperlicher Behinderung. Die Idee, körperlich behinderte Menschen zum sportlichen Wettbewerb zusammenzuführen, stammt von Ludwig Guttman (1899-1980), ein deutscher Neurologe und Neurochirurg, der

in der Zeit des Nationalsozialismus nach England emigrierte. Dort legte er die Grundlagen für die Behandlung Querschnittgelähmter. Guttmann war Förderer des Behindertensports und Begründer der Paralympischen Spiele.

Am Tag der Eröffnung der Olympischen Spiele London 1948 organisierte er einen ersten Wettbewerb für Rollstuhlfahrer in Stoke Mandevill für Kriegsversehrte aus England.

Die ersten Paralympischen Sommerspiele fanden 1960 in Rom unmittelbar nach den Olympischen Spielen in 8 Sportarten statt, von denen 6 bis heute zum Paralympischen Programm gehören: Bogenschießen, Schwimmen, Fechten, Basketball, Tischtennis und Leichtathletik.

Seither werden die Paralympischen Spiele alle 4 Jahre im Jahr der Spiele durchgeführt. 1976 fanden die ersten Paralympischen Winterspiele in Schweden statt. Seit 1988 in Seoul werden Olympische und Paralympische Wettkämpfe auf den gleichen Sportstätten ausgetragen.

Die Paralympics haben sich nach den Olympischen Spielen zum zweitgrößten Sportereignis der Welt entwickelt. So nahmen an den Paralympischen Sommerspielen 2008 in Peking fast 4.000 Athletinnen und Athleten aus 150 Nationen teil. 2016 in Rio waren es bereits 4.350 Sportler aus 160 Nationen, die in 23 Sportarten wetteiferten.

... Paris 1900

In der französischen Hauptstadt fand 1900 das 1. Olympische Golfturnier in der Olympischen Geschichte statt. Das IOC hatte die Golfwettbewerbe dem Programm der II. Olympischen Sommerspiele zugeordnet. Vom 2. bis 4. Oktober 1900 schlugen insgesamt 22 Golfer und Golferinnen aus 4 Nationen ab.

Die 12 Männer spielten 36 Löcher und die 10 Damen 9 Löcher. Diese Golferinnen zählten überhaupt zu den ersten Frauen, die jemals an Olympischen Spielen teilnahmen. Die drei Erstplatzierten des Männerturniers:
1. Charles Sands, USA; 2. Walter Rutherford, Großbritannien und 3. David Robertson, Großbritannien.

Drei US-Amerikanerinnen belegten die ersten Plätze bei den Damen: 1. Margaret Abbott; 2. Polly Whittier; 3. Daria Pratt.

Die 2. Olympischen Spiele wurden im Rahmen der Pariser Weltausstellung durchgeführt (Exposition Universelle et Internationale de Paris).

Die Wettkämpfe verteilten sich über fünf Monate zwischen Mai und Oktober 1900 und hatten damals noch keinen hohen Stellenwert, denn sie galten als Anhängsel der Weltausstellung. Offiziell hießen die Wettkämpfe „Concours Internationaux d'Exercices Physiques et de Sports"
(Intern. Wettbewerbe für Leibesübungen und Sport).

Das Internationale Olympische Komitee (IOC) hat jedoch die Olympischen Spiele als solche legitimiert.

Mehr dazu im Handbuch
„ASCHLAG OLYMPIA: JUGEND & GOLF"

Q wie ...   Querfeldeinlauf   *und ...*

Der **Querfeldeinlauf** ist ein Lauf quer durch das Gelände.

Durchgeführt wurde dieser Wettbewerb bei den Olympischen Spielen in

- ➢ Stockholm 1912
- ➢ Antwerpen 1920
- ➢ Paris 1924.

Start zum Querfeldeinlauf 1912

Der Querfeldeinlauf ging
über die Distanzen von
- ➢ 6 400 m,
- ➢ 8 000 m,
- ➢ 10 000 m und
- ➢ 12 000 m.

Der Querfeldeinlauf wurde
nur für Männer ausgetragen.
Es gab Einzelrennen und
Mannschaftswettbewerbe.

Paavo Nurmi

Der Finne gewann 1924 und 1928 jeweils im Einzel und mit der Mannschaft den Querfeldeinlauf. Insgesamt errang er bei drei Olympischen Spielen 9 x Gold und 3 x Silber bei den Mittel- und Langstrecken.

Querfeldeinlauf ist heute unter der Bezeichnung „Geländelauf" eine Teildisziplin des Modernen Fünfkampfs.

... Qualifying School

Die Qualifying School ist eine Einrichtung der PGA European Tour, um jungen Golfspielern die Möglichkeit zu geben, eine Spielberechtigung für die European Tour zu erwerben.

Sie steht daher nicht im direkten Zusammenhang mit Olympia. Doch wir wissen, dass die Startberechtigung für die nächsten Olympischen Golfturniere auf der Grundlage der Rangliste erfolgt.

Insofern befindet sich die Qualifying School auf dem langen Weg eines Golfspielers bis nach Olympia.

Bei den Turnieren, die die Qualifying School ausrichtet, wird man also durchaus künftige Olympiateilnehmer sehen können.

Bei der Qualifying School kämpfen jedes Jahr über 900 hoffnungsvolle Golfprofessionals um die 30 Plätze, die zum Spiel auf der European Tour berechtigen.

Im Herbst jeden Jahres finden dazu mehrere Qualifikationsturniere in drei Qualifying Stages statt:

➢ Die erste Runde (First Stage) findet Mitte September bis Anfang Oktober in mehreren Ländern statt, um die Reiseanstrengungen für die Spieler niedrig zu halten.

➢ Die zweite Runde (Second Stage) wird dann Anfang Dezember wetterbedingt auf fünf verschiedenen Plätzen in Spanien ausgetragen.

➢ Am Wochenende darauf geht es dann ins Finale, in der Regel ebenfalls in Spanien.

R wie ... **Ringe**, olympische *und ...*

Die **Olympischen Ringe** sind Symbol der Olympischen Bewegung und offizielles Emblem des IOC.

Pierre de Coubertin entwickelte im Jahre 1913 die olympische Flagge, die auf weißem Grund fünf ineinander verschlungene Ringe zeigt.

In der Reihenfolge vom Fahnenmast ausgehend in den Farben

- ➤ blau
- ➤ gelb
- ➤ schwarz
- ➤ grün und
- ➤ rot

Zum Ausmalen!

Erstmals vorgeführt wurden Ringe und Fahne beim Olympischen Kongress 1914 in Paris.

Bei Olympischen Spielen erschienen sie erstmals in Antwerpen 1920.

Coubertins ursprüngliche Idee war es, dass sich aus der weißen Grundfarbe und den fünf weiteren Farben die Nationalflaggen aller Staaten der Welt zusammenstellen ließen.

Heute symbolisieren die Ringe die Einheit der fünf Kontinente und das Treffen der Athleten aus aller Welt bei den Olympischen Spielen.

... Rio 2016

In Rio de Janeiro wurde im August 2016 das 3. Olympische Golfturnier durchgeführt.

  Gespielt wurde auf einem neuen Golfplatz in Reserva de Marapendi in der Provinz Barra da Tijuca, nahe Rio.

Turnier-Festlegungen der International Golf Federation (IGF):

Spielform: Ein Einzel-Zählspiel über 72 Löcher an vier Tagen für die Herren und ebenfalls an vier Tagen für die Damen

Teilnehmerfeld: Es setzte sich auf der Grundlage der Official World Golf Rankings (OWGR) aus 60 Herren sowie basierend auf den Rolex Rankings aus 60 Damen zusammensetzen. Die besten 15 dieser Weltranglisten qualifizierten sich automatisch, unabhängig aus welchem Land. Der „Rest" des Feldes wurde ebenfalls durch die Weltrangliste bestimmt, aber mit maximal 2 Spielern pro Land.

Die Teilnehmer nach Ländern:

Herren: Aus 34 Ländern reisten die Golfer an. Darunter 11 Länder mit je 1 Spieler, 21 Länder mit je 2 Sportlern sowie China mit 3 und die USA mit 4 Golfern.

Damen: 35 Länder entsandten ihre Teilnehmerinnen. Darunter 13 Länder mit je 1 Spielerin, 20 Länder mit je 2 Golferinnen sowie die USA mit 3 und Südkorea mit 4 Sportlerinnen.

Die Ergebnisse des Olympischen Golfturniers Männer:

Gold: Justin Rose, England, 268 Schläge (Total -16)
Silber: Henrik Stenson, Schweden, 270 Schläge (-14)
Bronze: Matt Kuchar, USA, 271 Schläge (-13)
  ➢ Platzierungen der deutschen Golfer:
       15. Martin Kaymer (-5) und 21. Alexander Cejka (-3)

Ergebnisse des Olympischen Golfturniers Damen:

Gold: Inbee Park, Südkorea, 268 Schläge (Total -16)
Silber: Lydia Ko, Neuseeland, 273 Schläge (-11)
Bronze: Shanshan Feng, China, 274 Schläge (-10)
  ➢ Platzierungen der deutschen Golferinnen:
       21. Caroline Masson (-2) und 25. Sandra Gal (-1)

Olympische Spiele sind entsprechend der Olympischen Charta des IOC Wettkämpfe zwischen Einzelsportlern und nicht zwischen Staaten. Aus diesem Grund gibt es auch keine offizielle "Nationen-Wertung", die aber dennoch als "Medaillenspiegel" von den Medien veröffentlicht wird.

Die teilnehmenden Aktiven werden von ihren NOKs ausgewählt und nominiert. Kein Sportler darf aus rassischen, religiösen oder politischen Gründen von der Olympiateilnahme ausgeschlossen werden. Die Wettkämpfe finden unter der fachlichen Leitung der jeweiligen internationalen Fachverbände statt.

Die Spiele werden an eine Stadt (nicht an ein Land) vergeben und in einem 4-Jahresrhythmus als Olympische Sommerspiele und Olympische Winterspiele ausgetragen.

Den 4-jährigen Zeitraum zwischen den Olympischen Spielen nennt man Olympiade.

Athen war 1896 Austragungsort der I. Olympischen Spiele.
Rio: 2016 für die XXXI. Olympischen Sommerspiele.
Tokio: 2020 für die XXXII. Olympischen Sommerspiele.

Die I. Olympischen Winterspiele wurden 1924 in Chamonix abgehalten. Die XXII. Olympischen Winterspiele: 2014 in der russischen Stadt Sotschi. Die XXIII. Olympischen Winterspiele: 2018 in der südkoreanischen Stadt Pyeongchang.

Auch deutsche Städte waren schon Austragungsorte für Olympische Spiele:
* Berlin (Sommer 1936),
* Garmisch-Partenkirchen (Winter 1936)
* und München (Sommer 1972).

... Saint (St.) Louis 1904

Golf stand in St. Louis (im US-Bundesstaat Missouri) im Jahre 1904 zum zweiten Mal im Olympischen Programm. Zwischen dem 16. und 24. September fanden insgesamt sieben Golfwettbewerbe statt, von denen zwei als „olympisch" ausgeschrieben waren: Das Einzelturnier und der Mannschaftswettbewerb. Gespielt wurde auf dem 18-Loch-Platz des drei Jahre zuvor gegründeten Glen Echo Golf Club, gelegenen westlich von St. Louis. Auch ein neues Clubhaus wurde gebaut.

Trotz der zahlreich verschickten Einladungen sind nur 3 Kanadier und 72 einheimische Amerikaner angereist. Interessant: Sämtliche Spieler mussten ein Startgeld von fünf Dollar bezahlen und versprechen, dass sie keine Profis sind. Die Erstplatzierten:

Männer: 1. George Lyon, Kanada

*   2. Chandler Egan, USA*

*   3. Burt McKinnie und Francis Newton, beide USA*

Mannschaft: 1. USA mit Western Golf Association

*   2. USA mit Trans Mississippi Golf Association*

*   3. USA mit United States Golf Association*

Ein Damenturnier gab es leider nicht.

Die III. Olympischen Spiele sollten zuerst in Chicago stattfinden, wurden aber auf Betreiben des neuen US-Präsidenten Roosevelt an St. Louis vergeben. Dort wurde zugleich die Weltausstellung, die Louisiana Purchase Exposition, durchgeführt. Und wie schon 1900 in Paris, so waren die Spiele wiederum nur Anhängsel dieser Weltausstellung.

Immer mehr **Teilnehmer an den Olympischen Spielen** sind zu verzeichnen.

Die nachfolgende kleine Statistik gibt eindrucksvoll Auskunft über die gewachsene Ausstrahlungskraft der Olympischen Spiele.

Sommerspiele

	1896 Athen	1972 München	1996 Atlanta	2016 Rio
Teilnehmer	241	7.173	10.320	11.458
Nationen	14	121	197	207
Wettbewerbe	43	195	271	306

Winterspiele

	1924 Chamonix	1976 Innsbruck	2014 Sotschi
Teilnehmer	258	1.123	2.861
Nationen	16	37	88
Wettbewerbe	16	37	98

... Tee

Der Begriff Tee, einschließlich in diversen Zusammensetzungen, wird auf den Golfplätzen sehr oft gebraucht.
Auch Olympiagolfer in 2020 werden ohne Bezugnahme auf diesen Begriff kaum auskommen. Zumal dieser als Teil der Golfsprache Englisch weltweit „gängig" ist.
Am meisten im Gebrauch sind zum Beispiel:

Tee-Time
Nicht verwechseln mit Tea-Time. Tee-Time beim Golfen bedeutet Startzeit für das Spiel auf dem Golfcourse.

Das Tee – zwei verschiedene Bedeutungen
1. Das Tee: die Abschlagfläche
In den Anfängen des Golfspiels wurde der Golfball innerhalb von zwei bis vier Schlägerlängen vom letzten Grün abgeschlagen. Der berühmte Old Tom Morris, schottische Golflegende aus St. Andrews, legte als erster im späten 19. Jahrhundert einen festen Bereich für den Abschlag auf dem Old Course fest.

2. Das Tee: eine Abschlagshilfe
*Das ist ein **kleiner Stift aus Holz** (auch aus Plaste), ca. 5 bis 10 cm lang, auf den man den Golfball zum Abschlagen legen kann. Patentiert wurde das Tee erst 1892. Zuvor war es üblich, zur Erleichterung des Abschlags den Golfball auf ein kleines Sandhäufchen zu legen. Zu diesem Zweck befand sich eine mit Sand gefüllte Kiste, die Tee-Box, in Reichweite.*

Außerdem:
Tee-Up = *den Golfball auf das Tee legen, aufteen also.*

Tee-Shot = *der Abschlag selbst, der Drive*

„Tee 19" = *Umgangssprachlich für Clubhaus, Clubrestaurant. Ersehnter Zielort nach Beendigung des Spiels auf dem 18-Loch-Platz.*

U wie ...   **UNO**   *und...*

Die Generalversammlung der **Vereinten Nationen (UNO)**
hat am 19.10.2009
den Beschluss gefasst,
dem Internationalen Olympischen Komitee (IOC) einen

Beobachterstatus
zu gewähren.

Mit dieser Entscheidung würdigt die UNO die Anstrengungen des
IOC, den Sport als wichtiges Instrument beispielsweise

> ➤ in der Entwicklungshilfe,

> ➤ in der Erziehung,

> ➤ der Gleichstellung von
> Männer und Frauen oder

> ➤ der Friedensförderung

zu nutzen.

Das IOC hat nun die Möglichkeit,

> ➤ an der Generalversammlung der UNO teilzunehmen

> ➤ und sich dort einzubringen,
> ❖ so auch bei der Ausarbeitung
> von Resolutionen mitzuwirken.

... *USGA*

USGA ist die Kurzform für United States Golf Association.
Sie ist die regelnde Organisation für Golf in den USA und Mexiko.
Gemeinsam mit St. Andrews hält sie das Ethos des „Spirit of the
Game" hoch und präzisiert dieses alle 4 Jahre, was weltweit
anerkannt wird.

Im Bereich von Golf und Olympia war und ist die USGA aktiv, mit
wechselseitigem Engagement. Hier einige ausgewählte Beispiele:

➤ *New York: der Präsident von Colt Golf, Marshall*
  Bachenheimer, setzte sich für Olympisches Golf ein. Am
  09.11.1955 sendete er ein Telegramm an Mr. Wilson,
  Präsident des NOK der USA. Darin protestierte er, dass Golf
  noch immer nicht Eingang ins Olympische Programm
  gefunden hat. Leider erhielt er keine Antwort.
➤ *Im März 1959 bekam Mr. Ames, Präsident der USGA, einen*
  Brief von Prinz Pierre von Monaco, der ihn aufforderte,
  Schritte in Richtung Olympia einzuleiten. Doch Mr. Ames
  antwortete, dass die World Amateur Team Championships
  bereits dem Anliegen des Internationalen Welt
  Amateurgolfsports diene.
➤ *Auf der Generalversammlung der World Amateur Golf*
  Council (WAGC) in Rom 1964 sprach man sich gegen Golf bei
  Olympia aus. Mit folgender Meinung stand J.C. DEY,
  Executive Director des USGA, nicht allein: „Wenn man an der
  Olympiade teilnimmt, muss man bereit sein, einige Ideale
  seines Sports aufzugeben."
➤ *Andere Events standen im Interesse der Verbände: USGA and*
  the R&A konzentrieren sich auf die Amatateur-Team-
  Weltmeisterschaft.
➤ *Der Durchbruch: die USGA tritt in 2008 dem „Olympischen*
  Golf-Komitee" mit dem Ziel bei, die Aufnahme von Golf in das
  Olympische Programm zu forcieren.

V wie ...   **Vorolympische** Wettkämpfe   *und ...*

Vorolympische Wettkämpfe sind sportliche Test-Wettkämpfe im Sommer und Winter, die in der Regel ein Jahr vor den Olympischen Spielen in der jeweiligen Olympiastadt organisiert werden.

So hat zum Beispiel das Londoner Organisationskomitee der Olympischen Sommerspiele in 2012 gemeinsam mit den internationalen Spitzenverbänden über 30 vorolympische „Testevents" ausgerichtet. Mehrheitlich wurden diese an den Originalwettkampfstätten der Olympischen Spiele durchgeführt.

Diese fanden statt:
> ➢ 15 Testevents von Juli 2011 bis September 2011
> ➢ 11 Testevents von Oktober 2011 bis Januar 2012 und
> ➢ 5 Testevents von Februar 2012 bis Mai 2012.

An insgesamt 26 Testevents waren deutsche Athleten/innen beteiligt.

Die vorolympischen Wettkämpfe dienen als Test für Organisation und Anlagen.

So wurden unter anderem Zeitnehmung und Ergebniserfassung, Resultat-Service, interne Kommunikation, Transport usw. getestet. Die Veranstalter wollen keine Situationen erleben, auf die sie nicht vorbereitet sind.

Zugleich können die Sportler bei diesen vorolympischen Wettkämpfen einen ersten Eindruck von der olympischen Wettkampfstätte und dem olympischen Umfeld erhalten. Sportler und Betreuer nutzen diese Tests, um vorolympische Erfahrungen zu sammeln und diese in die weitere Vorbereitung auf die Olympischen Spiele einfließen zu lassen.

... von Limburger, Bernhard

Dr. Bernhard von Limburger (1901-1981) war eine herausragende Persönlichkeit des deutschen Golfsports im 20. Jahrhundert.

In den 1920er Jahren war er ein weiterer Verfechter der Idee, Golf zurück ins Olympische Programm zu bringen. So vertrat er zum Beispiel folgende Auffassung: Bezugnehmend auf die Entwicklung des Golfsports schrieb er:

„Diese könnte wesentlich durch die internationalen Beziehungen gefördert werden; dazu sind in erster Linie die Olympischen Spiele geeignet, so dass gerade wir Deutschen ein Interesse daran haben, die Forderung zu stellen: Auch Golf soll gleich den anderen großen Weltsports bei den Olympischen Spielen vertreten sein."
(in „DAS OLYMPIA BUCH", hrsg. von Kurt Doerry und Wilhelm Dörr im Münchener Olympia-Verlag, 1927).

Dr. von Limburger – ein promovierter Jurist, der nie als solcher tätig war, widmete sein Leben ganz dem Golfsport, als...

- ➢ **Golfplatzarchitekt:** *Mit insgesamt 74 Neuentwürfen und 10 Überarbeitungen ist er wohl der bekannteste und erfolgreichste Platzdesigner Deutschlands.*
- ➢ **Verleger:** *1925 gründete er den Deutschen Golf Verlag. Hier erschien auch die Zeitschrift „Golf", die später das offizielle Organ des Deutschen Golf Verbandes wurde.*
- ➢ **Publizist:** *Broschüre „Was ist Golf? (1925); Golf-Trilogie: „Geliebtes Golf" (1967), „Golf am Kamin" (1967) und „Unser Golf" (1979) sowie „Die Rasenfibel" (1962), erste deutsche Greenkeeping-Publikation.*
- ➢ **Und natürlich als Golfsportler:** *Mitglied im Golf Club Gaschwitz (Leipzig), war einer der besten Amateurspieler Deutschlands. So gewann er in den Jahren 1921, 1922 und 1925 die deutsche Verbandsmeisterschaft.*

Die **olympischen Wettbewerbe** werden je nach Sportart als Einzel- und/oder Mannschaftswettbewerbe für Frauen und/oder Männer ausgerichtet. Für die Durchführung sind die internationalen Fachverbände verantwortlich. Sowohl die Wettbewerbe (Disziplinen) als auch die Sportarten unterlagen in der Geschichte der Spiele ständigen Veränderungen.

Einige Beispiele:
Sommerspiele:
- ➢ Athen 1896: 43 W. (Wettbewerbe) in 9 Sp. (Sportarten)
- ➢ München 1972: 195 W. / 21 Sp.
- ➢ Peking 2008: 302 W. / 28 Sp.

Winterspiele:
- ➢ St. Moritz 1928: 14 W. / 4 Sp.
- ➢ Innsbruck 1976: 37 W. / 6 Sp.
- ➢ Vancouver 2010: 86 W. / 7 Sp.

Über die Aufnahme bzw. den Ausschluss von Sportarten und Disziplinen entscheidet die IOC-Vollversammlung. Die 114. Vollversammlung des IOC hat im November 2002 in Mexico-City beschlossen, die Anzahl der olympischen Sportarten auf maximal 28 festzulegen bei einer Gesamtteilnehmerzahl von 10.500 Sportlern, um dem "Gigantismus der Spiele" entgegen zu wirken. Über jede der 28 bisherigen Olympischen Sportarten wurde einzeln abgestimmt. Eine Sportart, die weniger als 50,1 % erhielt, wurde ausgeschlossen. Das betraf die Sportarten Softball und Baseball. Für die Aufnahme neuer Sportarten ist eine Zweidrittel-Mehrheit der Wahlberechtigten erforderlich, die keine der 5 Bewerber bekam (darunter auch Golf), so dass in London bei den Olympischen Spielen 2012 nur 26 Sportarten vertreten waren.

Die 121. IOC-Session in Kopenhagen beschloss am 09.10.2009, Golf und Rugby (7er) in das Olympische Programm von 2016 aufzunehmen. Damit sind die 28 Sportarten erreicht.

... Weltverbände Golf

Sie taten sich am Anfang schwer, die großen internationalen Golf Verbände und Organisationen. Das IOC hatte in 1950er Jahren wiederholt auf das Aufnahmeverfahren verwiesen, demnach nur eine „Fédération International de Golf" die Sportart Golf für das Olympische Programm vorschlagen könne.

Der 1958 gegründete Weltverband **World Amateur Golf Council (WAGC)** *sprach sich jedoch auf der Generalversammlung in Rom 1964 gegen Golf bei Olympia aus. Es gäbe zu vieles zu bedenken, so z.B. unterschiedliche Ideale, verschiedene Regelung des Amateurbegriffs, wenig geeignete Golfplätze in vielen Ländern.*
  Auch IOC-Präsident Lord Killanin wies in 1976 darauf hin:
„ ... dass niemand bisher eine offizielle Bewerbung abgegeben hat."

Rund 10 Jahre später kam Bewegung auf: In 1988 erfolgte die Gründung der **World Golf Association (WGA).** *Ein Zusammengehen der europäischen Amateur- und Profi-Verbände. Schon 1 Jahr danach wurde der erste offizielle Antrag durch den WGA gestellt! Das Problem war nur, jetzt gab es 2 Weltverbände. Für das IOC kann es aber nur einen Verhandlungs- bzw. Ansprechpartner pro Sportart geben. So war es nicht überraschend, dass dieser Antrag an den IOC- Regularien scheiterte. Weitere 2 Jahre vergingen: Im Januar 1991 wurde die WGA wieder aufgelöst, um den Weg frei zu machen für den WAGC. Somit existierte nur noch ein Weltverband Golf.*
  Die Folge: Schon kurz darauf, im April 1991, das IOC erkennt den WAGC offiziell an! In 2003 erfolgte die Umbenennung in **International Golf Federation (IGF),** *dem Internationalen Verband für die Sportart Golf.*
  Im Juli 2008 nahm die Golferwelt einen neuen Anlauf in Richtung Golf bei Olympia: Die 8 größten internationalen Golfverbände haben sich zu einem „Olympischen Golf-Komitee" zusammengeschlossen, unter Federführung der vom IOC anerkannten International Golf Federation (IGF).

X wie ...　　　　　Xiang Liu　　　　　*und ...*

Der **Chinese Xiang Liu** ist einer der besten asiatischen Leichtathleten aller Zeiten, allerdings mit viel Pech bei Olympia.

Liu Xiang gehört zu den wenigen Athleten, die im Laufe ihrer Karriere das so genannte Triple schaffen.
Ihm gelang dies über 110 m Hürden:
Olympiasieg 2004 Athen,
　　　　in 12,91 Sek.
Weltrekord 2006 Lausanne,
　　　　in 12,88 Sek.
Weltmeister 2007 Osaka,
　　　　in 12,95 Sek.

Bei den Olympischen Spielen 2008 in Peking musste er jedoch schon im Vorlauf aufgrund einer Achillessehnenentzündung aufgeben.

Nach einer längeren Pause feierte er mit einem 7. Platz bei den Hallenweltmeisterschaften 2010 sein internationales Comeback.

Ein Jahr später wurde er bei den Weltmeisterschaften in Daegu Vizeweltmeister hinter dem US-Amerikaner Jason Richardson.

Beim Prefontaine Classic in Eugene (Oregon) am 02. Juni 2012 stellte er mit einer Zeit von 12,87 s den Weltrekord von Dayron Robles (Kuba) ein, doch der zu starke Rückenwind (2,4 m/s) verhinderte eine offizielle Anerkennung.

Pech auch bei den Olympischen Spielen 2012 in London. Liu Xiang schied nach einem Sturz an der ersten Hürde leider schon im Vorlauf aus.

... X-Out-Bälle

Das sind so genannte ausge-x-te Golfbälle.

Sie zeichnen sich dadurch aus, dass sie anstatt einer fortlaufenden Prägenummer einen Zweitaufdruck über der Nummer haben, und zwar als X.

Die X-Out-Bälle sind qualitativ nicht schlechter als die sonstigen Golfbälle. Sie wurden von der Firma ausgesondert, weil sie vielleicht in Farbe und Aussehen nicht mehr aktuell waren oder aber, weil man mit dem Verkauf der Produktion der ausge-x-ten Bälle eine Überproduktion billig auf den Markt werfen wollte.

Mit ausge-x-ten Bällen darf man an Wettspielen nur dann teilnehmen, wenn die „List of Conforming Golf Balls" nicht in Kraft gesetzt wurde.

Darunter versteht man die von der R&A St. Andrews herausgegebene Liste von Golfbällen, die für das Wettspiel zugelassen sind.

YOG = Youth Olympic Games = Olympische Jugendspiele

Das sind Wettbewerbe in olympischen Disziplinen für junge Athletinnen und Athleten im Alter von 14 bis 18 Jahren. Ein Sportereignis, das sich in der Ausrichtung an den Olympischen Spielen orientiert.

Auf der 119. Session der IOC-Mitglieder im Juli 2007 wurde die Einführung der Olympischen Jugendspiele ab 2010 (Sommer) und 2012 (Winter) beschlossen, fortführend im traditionellen olympischen Vier-Jahres-Zyklus. Die 1. Olympischen Sommer-Jugendspiele fanden vom 14. bis 26.08.2010 in Singapur statt. Die 1. Olympischen Jugend-Winterspiele wurden vom 13. bis 22. Januar 2012 in Innsbruck, Seefeld und Kühtai durchgeführt.

Die Jugendspiele sollen junge Athletinnen und Athleten darin bestärken, ihren im Leistungssport eingeschlagenen Weg auf der Basis ethischer Werte wie *Exzellenz, Freundschaft und Respekt* fortzusetzen. Und das bei strikter Beachtung fundamentaler Prinzipien wie *Universalität, Nachhaltigkeit, Gleichberechtigung.*
 Ein besonderer Stellenwert wird dem Kultur- und Bildungsprogramm beigemessen, das ein fester Bestandteil der Olympischen Jugendspiele ist. Neben dem sportlichen Event geht es also vor allem um pädagogische und kulturelle Inhalte.

Die 2. Olympischen Sommer-Jugendspiele wurden im August 2014 in Nanjing, China, ausgetragen. Erstmalig stand die Sportart Golf auf dem Olympischen Jugendprogramm. Am Start auch deutsche Nachwuchsgolfer: Olivia Cowan (GC St. Leon-Rot) und Jonas Liebich (GC Olching) vom Junior Team Germany. Sie belegten den 4. bzw. 5. Platz in der Einzelwertung und Rang 6 im Mixed-Wettbewerb und haben damit Deutschland in Golf würdig vertreten.

... Yardage Book

Ein Yardage Book ist ein Notizbuch eines Golfspielers bzw. seines Caddies.

Spieler oder Caddie notieren hierin die Besonderheiten der einzelnen Spielbahnen.

Vor allem die genauen Maße werden eingetragen.

So besonders die Entfernungen von markanten Punkten wie

> ➤ Bäume,
> ➤ Sträucher,
> ➤ Bunker,
> ➤ Wasserhindernisse
> ➤ sowie zum Grünanfang

werden vermessen und festgehalten.

Yardage kommt aus dem Englischen und bedeutet Länge in Yards.

1 Yard sind 91,44 cm.

Eine andere Bezeichnung für Yardage Book ist das Birdie Book.

Z wie ...   Olymp. **Zeremoniell**   *und ...*

Das **Olympische Zeremoniell** beinhaltet den in der Olympischen Charta exakt festgelegten Ablauf der Eröffnungs- und der Schlussfeier sowie der Siegerehrungen.

Die Eckpunkte der **Eröffnungsfeier:**

- Hissen der Flagge, Abspielen der Hymne des Gastgeberlandes
- künstlerische Darbietungen (Kultur des Gastgeberlandes)
- Einmarsch Sportler (erst Griechenland; letzter ist der Gastgeber)
- Reden des Vors. des Org.-Komitees und des IOC-Präsidenten
- Formelle Eröffnung der Spiele durch das Staatsoberhaupt
- Spielen d. Olympischen Hymne, Hereintragen d. Olymp. Flagge
- ein Athlet und ein Schiedsrichter sprechen den Olympischen Eid
- Entzünden des Olymp. Feuers durch den letzten Fackelträger

Mit einer **Schlussfeier** werden die Olympischen Spiele beendet:

- Erneuter Einmarsch der Sportler in bunt gemischter Form
- Ehrungen für Helfer und Organisatoren
- Kurze Ansprache des Vors. des Org.-Komitees
- Abschlussrede des IOC-Präsidenten in der er die Spiele für beendet erklärt und „die Jugend der Welt" aufruft, sich in vier Jahren erneut zu treffen
- Übergabe der Olympischen Flagge durch den Bürgermeister der jetzigen Olympiastadt an den IOC-Präsidenten, der die Flagge an den Bürgermeister der nächsten Olympiastadt weiterreicht
- Präsentation der Gastgeber der kommenden Olympischen Spiele mit einer kurzen kulturellen Darbietung
- Spielen der Olympischen Hymne
- Löschen des Olympischen Feuers
- Fröhlicher Ausmarsch der Sportlerinnen und Sportler

... Zählspiel

Diese Spielform, auch „Stroke Play" genannt, wurde beim Olympischen Golfturnier 2016 in Rio de Janeiro angewandt.

Auch bei den ersten Olympischen Wettspielen 1900 in Paris und 1904 in St. Louis ermittelte man die Olympiasieger per Zählspiel.

Das Zählspiel wurde im Jahr 1759 in St. Andrews erstmals urkundlich erwähnt.

Bis dahin herrschte das Lochspiel vor, bei dem die Zahl der gewonnenen Löcher ausschlaggebend sind.

Das Zählspiel gewinnt der Spieler mit der niedrigsten Schlagzahl, dem „Score", für die festgelegte Anzahl der Löcher oder Runden.

Bei einem Golfturnier trägt der Spieler, der zugleich auch Zähler ist, die für jede Spielbahn erzielte Schlagzahl des zu zählenden Mitspielers in die Scorekarte ein.

Am Ende des Wettspiels werden die Ergebnisse verglichen und die Scorekarte von beiden (Spieler und Zähler) unterschrieben.

Die Turnierleitung nimmt die Auswertung der Spielergebnisse vor.

Bevor man die Scorekarten unterschreibt, sollten Unklarheiten bei der Regelauslegung mit der Turnierleitung geklärt werden.

Denn:
Fehler beim Aufschreiben der Schlagzahl oder das Fehlen der Unterschriften können zur Disqualifikation führen.

>> stroke, engl. = Schlag

II. Lesetipps

Und für jene, die noch tiefer in das Olympische Gedankengut eindringen wollen:

Altenberger, Helmut / Haag, Herbert / Holzweg, Martin (Hg.): Olympische Idee, Bewegung, Spiele. Schorndorf: Hofmann 2008.

Bach, Thomas: Einheit in Vielfalt: Respekt, Verantwortung, Verlässlichkeit. In: Alpheios 9 (2009/2010).

Borgers, Walter / Quanz, Dietrich R.: Olympische Lauffeuer. Hg. Carl u. Liselott Diem-Archiv, DSHS. Kassel: Agon-Verlag 1994.

Buschmann, Jürgen / Lennartz, Karl / Wassong, Stephan (Hg.): Spiel-Spiele-Olympische Spiele. Aachen: Meyer & Meyer 2004.

Budinger, Hugo / Adamowicz, Frank: Planung, Wettspieltraining und Wettspiele. DGV-Lehrbrief 10. Köln: Köllen Verlag 2010.

Budinger, Hugo / Koch, Horst: Kinder- und Jugendtraining. DGV-Lehrbrief 7. Köln: Köllen Verlag 2010.

Coubertin, Pierre de: Der Olympische Gedanke. Reden und Aufsätze. Hg. vom Carl-Diem-Institut an der DSHS Köln. Schorndorf: Hofmann 1967.

Coubertin, Pierre de: Olympische Erinnerungen. Neuausgabe der „Mémoires Olympiques" von 1931. Berlin: Sportverlag 1987.

Das Olympische Museum: Die Ringe/Das Motto/Das Feuer/Die Identitätsmerkmale/ Olympische Werte und Symbole. Köln 2007.

Daume, Willi: Die Olympischen Spiele. Idee und Wirklichkeit. In: Meyers Enzyklopädisches Lexikon, Bd. 17. Mannheim 1976.

Deutscher Golf Verband: Programm 2018 – kompakt. Gemeinsam für die Zukunft des Golfsports.

Deutscher Golf Verband: Golfstandards für die Jugendförderung. Go for Gold! Wiesbaden 2011.

Deutscher Golf Verband: Abschlag Schule – Investition in die Zukunft. Antrag 2016.

Deutscher Golf Verband: Broschüre Abschlag Schule. 2014.

Deutscher Golf Verband: Das DGV-Sportkonzept 2010.

Deutscher Golf Verband: Golf im Zeichen der fünf Ringe. In: DGV-Info 5, Wiesbaden 2009.

Deutscher Golf Verband: DGV-Kindergolfabzeichen. Begleitheft.

Deutscher Golf Verband: Offizielle Golfregeln 2016. Köllen Druck & Verlag.

Deutsche Olympische Akademie: Materialien zur Olympischen Erziehung. DOA 2016.

Deutsche Olympische Akademie: Die Olympischen Werte u. die Zukunft des Sports. Ein Bericht vom 13. Europäischen Fairplay-Kongress. DOA 2008.

Deutsche Olympische Gesellschaft: Diverse Materialien in Vorbereitung/Durchführung der DOG-Initiativen und Projekte.

Deutsche Sportjugend (dsj): International - olympisch – fair. Arbeitsmaterialien zur Vermittlung der Olympischen Idee in internationalen Jugendbegegnungen. 2016.

Die Chronik der Olympischen Spiele: Von der Antike bis zur Gegenwart. Gütersloh / München: Chronik-Verlag 2004.

Diem, Carl: Der Olympische Gedanke. Reden und Aufsätze. Hg. Carl-Diem-Institut, DSHS Köln. Schorndorf: Hofmann 1967.

Digel, Helmut (Hg.): Nachdenken über Olympia. Über Sinn und Zukunft der olympischen Spiele. Tübingen: Attempto 2004.

Digel, Helmut: Olympische Herausforderungen. In: Alpheios 9 (2009/2010).

Doll-Tepper, Gudrun: Olympische Spiele und die Förderung der sozialen Kohäsion. Vortrag, Peking 2008.

Doll-Tepper, Gudrun: Faszination Wettkampfsport - Der Olympische Gedanke. Rede 5. Treffp. Sportv. Erlangen, 2009.

Dressler, Hilmar: Olympischer Realismus - ernüchternd und hoffnungsvoll zugleich. In: Olympisches Feuer, 6/2000.

Emrich, Eike / Klein, Stephanie: Übungsleiter und Trainer als Werte(ver)mittler. Kassel: Agon-Sportverlag 2008.

Gebauer, Gunter: Im olympischen Fadenkreuz: Der moderne Sport, das antike Ideal und … In: Olympisches Feuer, 6/2009.

Gessmann, Rolf: Olympische Erziehung in der Schule: Zentrales und Peripheres. In: Sportunterricht 51 (2002) 1.

Gessmann, Rolf / Quanz, Dietrich R. / Schulz, Norbert: Der „olympische Geist" bewegt doch … In: Sportunterricht 45 (1996).

Grupe, Ommo / Mieth, Dietmar (Hg.): Lexikon der Ethik im Sport. Schorndorf: Hofmann 1998.

Grupe, Ommo: Was ist und was bedeutet Olympische Erziehung? In: Sportunterricht 53 (2004) 2.

Grupe, Ommo: Manches, was sich olympisch nennt, hat diesen Namen nicht verdient. In: Olympisches Feuer, 2/2004.

Grupe, Ommo: Das Erbe Coubertins. Wegweiser und Orientierungspunkte … In: Olympisches Feuer, 3/2006.

Grupe, Ommo: Das olympische Leitbild prägt nicht nur die Olympischen Spiele. In: Olympisches Feuer, 1/2008.

Grupe, Ommo: Die Olympische Idee ist eine „Erziehungsidee" – das sollte sie auch bleiben. In: Olympisches Feuer, 4-5/2008.

Güldenpfennig, Sven: Hat die Olympische Idee eine Zukunft? Ja, wenn... In: Körpererziehung 50 (2000) 3.

Güldenpfennig, Sven: Olympische Spiele als Weltkulturerbe. Zur Neubegründung der Olympischen Idee. Sankt Augustin: Academia-Verlag 2004.

Günther, Andreas: Olympische Spiele – gestern und heute. In: Körpererziehung 50 (2000) 3.

Günther, Rosmarie: Olympia. Kult und Spiele in der Antike. Darmstadt: Primus Verlag 2004.

Haag, Herbert: Olympische Idee - Olympische Bewegung - Olympische Spiele. Berlin: Logos 2008.

Hartmann, Andreas: Dabei sein ist nicht alles …. In: Schreiber, W. / Gruner, C. (Hg.): Von den Olympischen Spielen bis zur Potsdamer Konferenz. Neuried 2006.

Hecker, Gerhard / Koenig, Peter: Pädagogische Aspekte des Golftrainings. DGV-Lehrbrief 3. Köln: Köllen Verlag 2010.

Hinsching, Jochen: Olympismus und sportpädagogisches Handeln. In: Körpererziehung 50 (2000) 3.

Höfer, Andreas: Zur Diskussion. Eulen nach Athen: Der Olympische Geist bleibt unsichtbar. In: Alpheios 6/2005.

Höfer, Andreas: Zurück in die Zukunft? In: Sportunterricht 53 (2004) 5.

IOC: Olympische Charta. Fassung vom 7. Juli 2007. Übersetzt von Christoph Vedder und Manfred Lämmer. Hg.: Deutsche Olympische Akademie. Frankfurt: DOA 2008.

Kirsch, Kerstin: Olympischer Optimismus: Menschenbild und Sportkultur. In: Olympisches Feuer, 6/2009.

Lämmer, Manfred / Wacker, Christian (Hg.): Olympia. Werte-Wettkampf-Weltereignis. Köln: DS&OM 2008 (Begleitheft).

Lange, Helmut: Vorschläge für eine olympiabezogene Sportpraxis. In: Lehrhilfen für den Sportunterricht 51 (2002) 1.

Langenkamp, Heiner / Mund Rainer: Psychologisches Training. DGV-Lehrbrief 8. Köln: Köllen Verlag 2010.

Lehnertz, Klaus / Koenig, Peter: Techniktraining im Golfsport. DGV-Lehrbrief 6. Köln: Köllen Verlag 2010.

Lenk, Hans: Über die Doppelmoral von Fairnessbeschwörung und verschärftem Konkurrenzverhalten. In: Ol. Feuer, 4-5/2009.

Mieth, Dietmar: Die Olympischen Werte … In: DOA Willi Daume (Hg.): Festakt zur Gründung der DOA. Frankfurt 2007.

Müller, Andreas: Große Worte ersetzen keine hohen Ansprüche. Die Fair-Play-Kultur ist ... In: Olympisches Feuer, 6/2010.

Müller, Bernd: Fair Play – noch ein zeitgemäßer Wert für den Sportunterricht? In: Körpererziehung 50 (2000) 3.

Müller, Norbert: Olympismus als Gegenstand schulischer Erziehung. In: Olympisches Feuer, 3/1991.

Müller, Norbert: Coubertin und die Antike.
In: Nikephoros 10/1997.

Müller, Norbert: Die olympische Devise „citius, altius, fortius" und ihr Urheber Henri Didon. Uni Mainz 2008.

Naul, Roland: Olympische Erziehung. Chancen und Aufgaben für den Schulsport. In: Sportunterricht 51 (2002) 9.

Naul, Roland: Die integrierte olympische Erziehung. Ein Konzept für Schule und Sportverein. In: Stadion, Bd. XXIX, 2003.

Naul, Roland: Olympische Erziehung.
Aachen: Meyer & Meyer 2007.

Naul, Roland: Der Doppelauftrag der Olympischen Erziehung im Schulsport. In: Alpheios 9 (2009/2010).

Naul, Roland / Gessmann, Rolf / Wick, Uwe: Olympische Erz. In Schule und Sportverein. Hg.: DOA. Hofmann: Schorndorf 2008.

NOK für Deutschland (Hg.): Olympische Erziehung – eine Herausforderung an ... Sankt Augustin: Academia-Verlag 2004.

Quanz, Dietrich R. und Autorenteam: 100 Jahre Golf.
In: Deutschland - DGV-Chronik. Oberhaching 2007.

Quanz, Dietrich R.: Golf & Olympische Spiele. Vortrag 2. Jugendgolf-Kongress. Paderborn 2009.

Sass, Ingemarie: Olympische Ideale im Spiegel individueller Wertvorstellungen. In: Körpererziehung 50 (2000) 3.

Schantz, Otto: Sport und Leibesübungen als Erziehungsmittel bei Pierre de Coubertin. In: Stadion (2001), Bd. XXVII.

Schöbel, Heinz: Olympia und seine Spiele. Berlin: Sportverlag 2000.

Schuch, Kuno: Golf & Olympische Spiele von 1950 bis 1991. Köln 2005.

Schwebel, Walter: Fairness – eine lebenslange Übung. In: Olympisches Feuer, 6/2010.

Sinn, Ulrich: Das antike Olympia. Götter, Spiel und Kunst. München: Beck 2007.

Steinbach, Klaus: Olympische Erziehung und Olympischer Sport: Zwei friedliche Schwestern? In: Alpheios 6/2005.

Tröger, Walther: Das IOC im Wandel: Die Olympischen Werte bleiben. In: Olympisches Feuer, 6/2009.

Ullrich, Klaus: Coubertin. Leben, Denken und Schaffen eines Humanisten. Berlin: Sportverlag 1982.

Willimczik, Klaus: Integration und Fairness: Was kann die Schule leisten? In: DOI (Hg.): Friedenserziehung durch Sport. DOI 2003.

Golf in der Schule?

Am besten mit

„Abschlag Schule",

**der Initiative des
Deutschen Golf Verbandes,
finanziert durch die
Vereinigung clubfreier Golfspieler.**

Mehr dazu:
www.golf.de/dgv/schulgolf

Bildernachweis

Fotos und Grafiken aus dem Archiv des Autors.

Bilder / Poster / Abbildungen aus dem Internet, freie Software.

Zur Info:

Alle 25 Publikationen von Rainald Bierstedt auf einen Blick

Aktuell

1. „ASCHLAG OLYMPIA: JUGEND & GOLF", Handbuch
2. „GOLF-OLYMPISCHES VON A BIS Z". *2. Version (2017)*
3. „SCHULSPORT GOLF", Lehrer-Handbuch, (Vorank. 2017)

Außerdem sind erschienen:
Zum Themenfeld GOLF & SCHULE:

4. „Schule + Golf = Schulgolf"; Golf im Unterricht
5. „Das 1 x 1 des Caddying"; Projekt zur Golf WM
6. „Die kleine Golfregel-Fibel"; Über Etikette und Golfregeln
7. „Auf der Runde"; Technik und Taktik-Tipps
8. „Grundwissen Golf"; Was man über Golf wissen sollte
9. „Golfsprache Englisch"; Words/Phrases/Backgrounds
10. „Golf in der Schule"; Lehrer-Handreichung
11. „Golfen ist cool!"; Schüler-Handbuch
12. CD-ROM: „Golf-Blätter"; Über 130 Kopierseiten
13. CD-ROM: „Pädagogisches"; Rahmenlehrplan Golf u.a.m.
14. CD-ROM: "Easy English", Golfsprache Englisch
15. DVD: "Caddying", ein Lehrfilm, Schülerprojekt
16. Bildband: „20 Jahre Schulfach Golf und vieles mehr"
17. CD-ROM: „Wahlpflichtfach Golf". Impressionen

Zum Themenfeld OLYMPIA-GOLF-JUGEND

18. „Abschlag Rio: Jugend trainiert *GOLF* für Olympia"
19. „Das Arbeitsheft zum Buch ‚Abschlag Rio ...'" Format A 4
20. CD-ROM: „Arbeits- und Kopiermaterialien JFTO"

5-teilige Reihe:
Beiträge zur Verbreitung der Olympischen Idee

21. „Olympische Spiele und Golf". Teil 1
22. „Olympische Idee und Ideale im Golf". Teil 2.
23. „Fair geht vor! Und Spirit of the Game! Teil 3
24. „Citius – Altius – Fortius". Teil 4
25. „Golf-Olympisches Workbook". Teil 5

Siehe auch unter: www.schul-golf.de